U0712564

中共巫山县委
巫山县人民政府 编

贵州出版集团
贵州人民出版社

城·思

——写在前面的话

曾经沧海难为水，除却巫山不是云。将巫山放诸全国三千余座县城中比较，巫山县乃一峡江小县，却又是一个人文底蕴深厚、且兼有自然风光旖旎的文化名县、旅游强县，“中国旅游胜地四十佳”、“中国优秀旅游名县”等荣誉在身。在这方圆三千平方公里的奇山秀水间，每每让人惊叹于神女峰之流云，观止于小三峡之红叶，流连于大昌古镇之庭院深深，更有梨子坪白雪，神女溪碧波……三峡最美是巫山，绝非虚誉啊。

巫山县前身是秦昭襄王三十年（公元前277年）设置的巫县，隋开皇三年（583年）更名巫山县，古县亘千年，县名无更改。

人文巫山，底蕴深厚。距今214万年“巫山人”古人类遗址代表的旧石器时期文化，以及距今六千年“大溪文化”遗址为代表的新石器时期文化，都属可以改写中国史前文化史的重要文化遗存。

告别蒙昧，步入文明。这片土地上相继绽放出神女文化、巫文化、巴楚文化、盐文化等绚烂花朵，熠熠生辉如璀璨繁星点缀峡江。重庆中国三峡博物馆2005年建馆之初，在其馆藏数十万件文物中评选十大镇馆之宝，巫山就有两件：“巫山人”下颌骨化石和商代三羊铜尊。古镇大昌更有迄今峡江保存最完好的明清古建筑群，慕名而至之八方游客络绎不绝。

自然巫山，神工鬼斧。巫山素以旖旎的风光闻名遐迩，以神女峰为首的巫峡十二峰等景点，作为世界奇观长江三峡之重要组成部分，称其享誉寰球诚不为过也。

“大宁河小三峡”作为全国知名的5A级风景区，早在上个世纪八十年代就名声大噪，前国家旅游局局长万复曾赋诗赞曰：“自古桂林甲天下，尔今应让小三峡。”作为全国接待游客最多的旅游强县之一，今天更有“满山红叶似彩霞”的巫山红叶节，美誉度正日益为各界所知。

“城，都邑也。”巫山老城作为巫山县治所在，历史长达一千七百余年，历史悠远的老城，曾被大诗人陆游在其《入蜀记》中赞为“峡中壮县”。

千百年来，老城内外高高低低、长长短短，或热闹、或僻静的大街小巷，纵局促狭窄，却诠释这峡江小城的独特性情，塑就一代又一代巫山人之勤劳坚忍、宽容大度之胸怀。别样风情，独特气息，永逝江底的老城实乃每个巫山人魂牵梦绕之所在！

《老城记忆》以动人心弦的图片，唤醒我们渐趋模糊的回忆，向海内外游人推介神女之乡，撩动心底琴弦，奏响巴渝名曲。列宁说：忘记历史，意味背叛。我们唯有铭记历史，才能守住文化根脉，方能更好地展望未来，亦才能建设好巫山。

《老城记忆》以县委党史研究室收集多年的老照片为载体，辅以精练隽永之文字，从建筑、移民、旅游、人文等四大板块，全方位展现巫山老城这方热土之峡韵江风、风土人情。

“一江碧水、两岸青山、三峡红叶、四季云雨、千年古镇、万载文明”——大美哉，巫山！

俱往矣，试看今朝之巫山！

图书在版编目（CIP）数据

老城记忆 / 蔡剑侠编. -- 贵阳：
贵州人民出版社, 2015.12
ISBN 978-7-221-12843-0
Ⅰ. ①老… Ⅱ. ①蔡… Ⅲ. ①巫山县—地方志—图集
Ⅳ. ①K297.194-64

中国版本图书馆CIP数据核字(2015)第288525号

书名：老城记忆
作者：蔡剑侠等著

出版发行：贵州出版集团　贵州人民出版社
社　　址：贵阳市观山湖区会展东路SOHO办公区A座
邮　　编：550004
责任编辑：龚　璐
印　　刷：宜昌金海科技股份有限公司
开　　本：889×1194mm　1/12
印　　张：11.5　　字　数：350千字
版　　次：2015年12月第1版　2015年12月第1次印刷
印　　数：2000册

ISBN 978-7-221-12843-0　　定价：160.00元

CONTENTS
目录

巷陌倩影

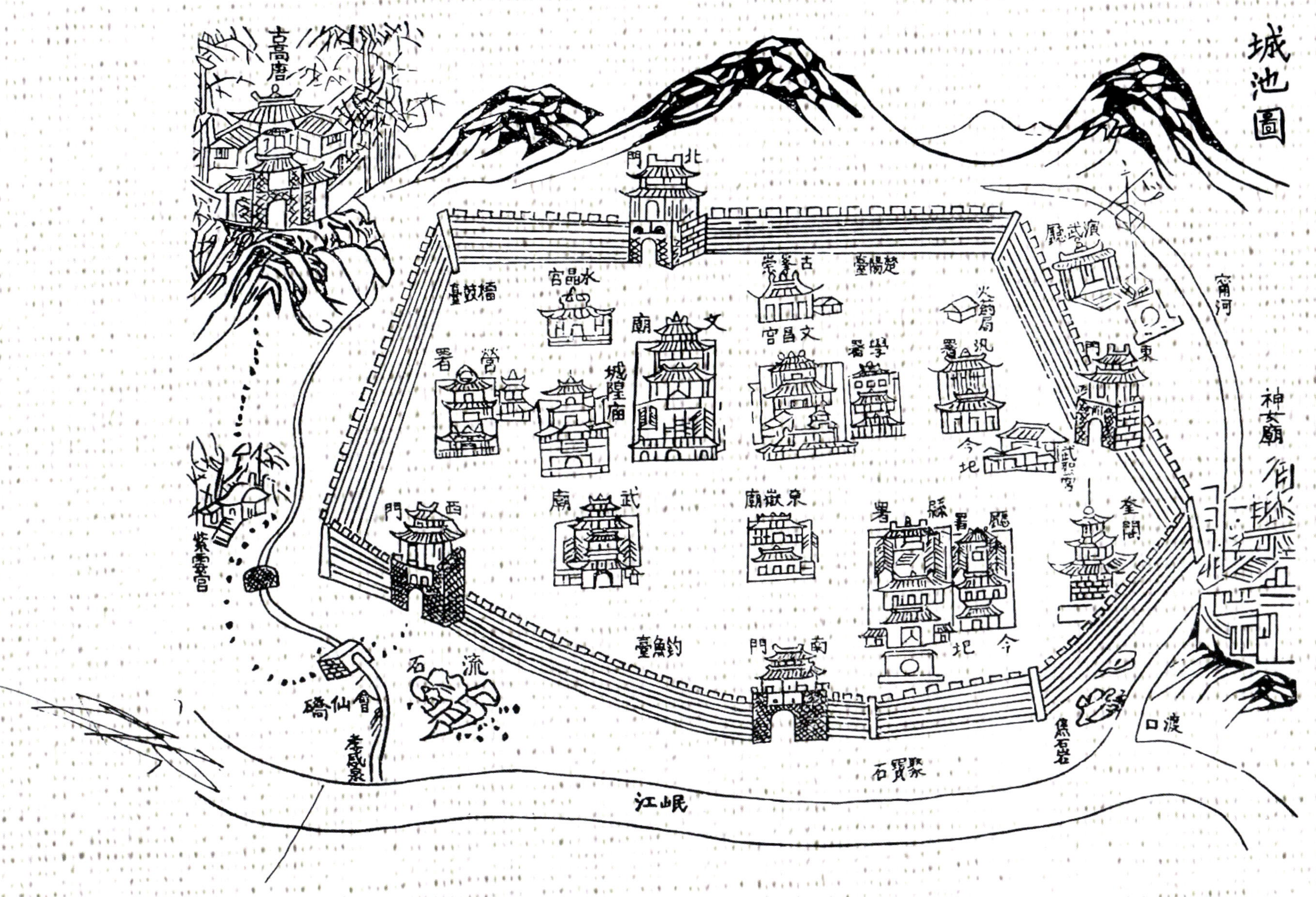

老街背影

怎能忘怀？不能忘怀！

在巫峡西口的长江之滨，曾经有一座古老的巫山县城。如果乘船行在江面，能看到的，大都是些高高矮矮密密摆布的灰色房屋——那些本文的主角——或宽或窄或挤或疏的街道，无一例外都被夹杂在这些建筑之中了。

它们最后以实体的方式存在，还要追溯到十一年之前。就在2003年6月，三峡工程二期水位蓄水至135米。

咕咚，咕咚咕咚，咕咚咕咚咕咚……一齐都沉到水底了。那街道，那房屋，连同那拆迁后的废墟。

然，水是透明的。永远是。

于是，这些十多年前就已“被迫无奈”沉于水底的街道和街道上的那些物件，并没有随着时间的逝去而模糊多少。在记忆的底片上，它们仍留存着还算清晰的印象。

老城的街道，说宽不宽，说窄不窄。

最宽的要算是集仙街了，几十座的旅游大巴还是能随意进出。最窄的如登龙街，街边商户搭建的遮阳篷，稍宽一点就直接从街这边搭到街对面去了，把街道的“宽”遮了个严严实实；而且，车子也依然能打得过转身——尽管这车充其量也只能算是微型中的微型，车的名字叫“麻木”。之所以叫“麻木”，因了老城原街总有些凸凹不平的青石板地段，车行其道，车身抖动，人坐其上，全身发麻。由此，“麻木车”一词在百姓中流传开去。其实，“麻木车”准确点儿说，就是最多可以坐两三个人的三轮摩托。

这就是老街留下的总的印象。

方位图显示：巫山老城坐落在幽深秀丽的巫峡西口，大宁河与长江交汇处的北岸的二级台地上。两千多年来，一直作为郡县治地；新中国建国后，是巫山县政治、经济、文化的中心。

巫山老城十二条主要街道，皆以十二峰的名字命名。“登龙”“飞凤”“起云”“望霞”……浓浓的文化味儿，经久地流淌在每一条街道的每一个角落。

老街条数不少但都不算长，多与长江平行，见头见尾一溜顺摆在江岸，任由人来人往车来车去。

记得，老街的商铺较有特色。十字街一天到晚人头攒动，巫峡大世界、百货大楼、家家福超市等稍大一点的商贸行业云集于此，想不繁华都不行。起云街的干货摊首尾相连；朝云街工业品市场衣物成堆；南门洞子聚集了手磨加工；松峦街摆列了不少老式理发铺，“光头5分平头1毛”成为早期理发业一句较为响亮的广告语；圣泉街则是水果摊和菜担担的乐园……

记得，老街的“闹点”相对集中。有李季达塑像的广场是人们聚集、休闲、散吹的所在，尤其夏季傍晚，整个广场大坝，摆满沙滩凉椅，人堆比比皆是。从这里过街，又到了可纳千人的电影院了。在电视还未曾普及的年代，这电影院里的火爆难以语言表达，经常是人挨人人推人人贴人，男的女的有意的无意的都这样，踩着脚跟挤进去又踩着脚跟拥出来，诚为快事。

记得，老街的行道梧桐蔽日。高大的法国梧桐伸展它茂密的枝桠张开它宽大的叶片，成了老街最忠实的伴侣，翠屏街、秀峰街……街街都是。几乎可以这样描述：凡是有街的地方，就有它的身影。无论白天，无论黑夜，无论春夏，无论秋冬，它都以“不离不弃”的姿态，恒久地、固执地站在街边，遮烈日，挡风雨。

记得，老街的车辆以“麻”为奇。美其名曰“老街”，实际上有很多只能叫“巷”，或者叫“巷”更贴切些。正是有了这些窄窄的“巷”，才催生出了一种被人称作“麻木车”的交通工具——在三轮摩托上搭一个简易篷子，乘客上车1元，就可拉起满街转满巷钻，而且随叫随到，随叫随停，方便得很，便宜得很。“麻木车满街跑”，算是老街一大“奇葩”。

记得，老街的上空“蛛网密布”。管线“地埋”，已是之后新城建设期的事。在老街，各种管线，广播的、电力的……通通“架空”。“蛛网密布”，是老街的又一特色。记得飞凤街文化馆前，数十条线缆纵横交织，从街这边直接“网”到了街对面，密密匝匝的，车辆在“网”下穿行，场面很是“壮观”……

商铺、闹点、梧桐、麻木、蛛网……动的，静的；人为的，自然的……这些富有时代烙印的元素，相对独立又共同组合，构成了巫山老街丰富的图景。这些图景，曾经真实存在，让人至今不忘！

也许，会永远不忘……

最熟悉的巫山地理标志——文峰山

朝云街

飞凤街

起云街

集仙街

东门口

翠屏街

登龙街

松峦街

秀峰街

上升街

老县城上十字街

老县城中十字街

老县城下十字街

在老城经常可看到人力木板车给商铺运送货物

火神庙

老城广场

城北老水井

东井

西井

广场上庆澳门回归演出

烈士墓

老城商业街

万元沟

神女市场

南门洞子

东门城墙

秀峰街——老巫中门前

东门口

起云街的肉食摊

旧城吴家药铺门前的翠屏街

大昌老城一隅

大昌古城

大昌区公所

东门（朝阳门）

西门（永丰门）

木楼

土墙屋院落

苏家大院

水口木板屋飞檐

土墙屋飞檐

郑大傍屋

兽头瓦当

郑大傍屋的屏风门

万字纹瓦当

巫山移民

移民大事记

长江三峡水利枢纽工程，是当今世界规模最大的水电工程，也是我国有史以来最大的建设项目。兴建三峡工程，发挥巨大的防洪、发电、航运效益，促进长江流域经济发展，助推中华民族振兴，这是孙中山、毛泽东等世纪伟人的宏伟理想。实施三峡工程，不但需要筹措巨额资金、攻克诸多技术难关，尤为关键的是必须破解百万移民这道世界级难题。经过跨越两个世纪的勘测、争论、论证，1992 年 4 月 3 日，七届全国人大五次会议通过了《关于兴建长江三峡工程的决议》，并授权国务院组织实施。至此，我国决定兴建三峡工程。中央确定三峡工程实行“一级开发，一次建成，分期蓄水，连续移民”的建设方针。

2010 年 10 月 26 日，三峡工程首次达到 175 米最高蓄水位。这个水位线，对三峡工程是一个具有历史意义的里程碑。它向全世界宣告：三峡库区百万移民难题已经破解，三峡工程的各项功能达到设计标准，开始充分发挥作用，全面接受考验。截至 2010 年，三峡工程共完成移民搬迁安置 139.8 万人，其中重庆库区 113.8 万人，巫山库区 9.1 万人。回顾巫山三峡移民，历经三个重要阶段：

第一阶段，移民试点时期（1985-1992 年），又称八年试点。

1984 年 7 月 19 日，巫山成立三峡工程搬迁建设办公室，次年 8 月 10 日，该室改为县移民局，负责全县三峡工程淹没损失核查、城乡移民规划和搬迁建设工作。1987 年 2 月 18 日，在曲尺乡伍柏村三组的鞭炮声中，巫山县拉开了“开荒建园，试点移民”的序幕。

1985-1992 年，巫山县涉及土地开发的有巫峡镇及秀峰、双龙、大昌、福田、河梁、骡坪、官阳、大庙 8 个区 25 个乡 104 个村 412 个组。8 年来，共完成投资 2087.85 万元。完成土地开发 10357 亩，新建以柑橘为主的果园 5000 余亩，建成抗旱水池 74 口、容积 40733 立方米，初步实现水利配套面积 9278 亩。完成农村简易道路建设 14.2 公里。完成县城迁建简易道路 7 公里、主水管线 2 条 3 公里。

第二阶段，移民实施时期（1993-2008 年），其间历经一、二、三、四期移民。

一期移民（1993-1997 年）：三峡工程坝前 90 米水位线下，巫山淹没涉及 10 个乡镇、15 家工矿企业，动迁人口 2014 人。1997 年 11 月 8 日，三峡工程实现大江截流，标志着一期工程胜利完成，三峡工程转入二期工程建设。

二期移民（1998-2003 年）：三峡工程坝前 135 米高程接 20 年一遇洪水回水位，即县境大宁河出口 143.2 米水位淹没涉及的区域。淹没涉及 10 个移民乡镇、7 座集镇、1 座县城、37 家工矿企业。截至 2002 年 12 月 10 日，共完成二期移民 38035 人，其中完成农村移民搬迁安置 16802 人（外迁安置 10478 人）、县城移民搬迁 20031 人、集镇移民搬迁 1146 人、其他移民搬迁安置 56 人。2003 年 4 月 21 日，国务院三峡工程移民验收组审议并通过三峡库区二期移民终验报告，三峡库区移民工程迁建及清库能够满足三峡工程二期蓄水的要求。

三期移民（2004-2006 年）：三峡工程坝前 156 米高程加 2 米风浪接 2 0 年一遇洪水回水位，淹没巫山境内长江干流及大宁河支流区域 156.3 米水位线下，涉及县城 1 座、集镇 2 座、清库 12 个乡镇、农村移民搬迁 10 个乡镇、3 家规划内工矿企业、80 个迁复建单位。2006 年 6 月 10 日，全面完成三期移民工作任务。共完成农村移民生产安置 22418 人，完成城乡移民生活搬迁安置 34190 人，其中农村移民 18177 人，县城移民 10490 人，集镇移民 5523 人。9 月 20 日 -10 月 31 日，巫山县境内三期水位顺利蓄水至 156 米高程。

四期移民（2007-2008 年）：三峡工程坝前 175 米高程加 2 米风浪为 177 米线下陆域面积，涉及县城 1 座、集镇 1 座（水口）、清库 15 个乡镇、农村移民搬迁 12 个乡镇、9 家工矿企业、9 个迁复建单位。截至 2008 年 6 月底，共完成城乡移民搬迁 89487 人（其中外迁移民 24784 人），完成移民生产安置 55552 人（含县城占地移民生产安置 5978 人，集镇占地移民生产安置 1151 人），复建房屋 280.86 万平方米。

第三阶段，移民后续时期（2009-2020 年），简称后三峡，又称三峡后续工作时期。

四期移民结束，巫山移民安置工作进入扫尾阶段，主要涉及 175 米试验性蓄水后的孤岛移民、库岸滑坡避让移民等搬迁安置。从 2009 年开始，三峡库区开始编制三峡后续项目规划，移民工作重点开始由“搬得出”向“稳得住、逐步能致富”转移。到 2010 年底，巫山共移民 9.1 万人，全面完成移民搬迁安置任务。

2011 年 5 月 18 日，国务院总理温家宝主持召开国务院常务会议，讨论通过《三峡后续工作规划》。《三峡后续工作规划》的主要目标是：到 2020 年，移民生活水平和质量达到湖北省、重庆市同期平均水平，库区交通、水利及城镇等基础设施进一步完善，生态环境恶化趋势得到有效遏制，防灾减灾体系基本建立。

巫山立足本地实际，结合县“十二五”总体规划及各专项规划，调整、完成了 2011-2020 年巫山县三峡库区后续工作项目库编制工作，共规划项目 204 个，总投资 410.88 亿元（其中后续资金 132.93 亿元），已报上级等待审批。截至 2013 年，上级共批复由巫山县具体组织实施的 2011 年和 2012 年三峡后续工作项目 26 个，批复项目总投资 17.02 亿元，其中三峡后续工作专项补助资金 3.18 亿元，实际下达预算 2.54 亿元，已分解拨付到建设单位。巫山投入三峡后续资金，通过发展移民生态农业园、商贸服务业、旅游服务业及实施库周生态屏障区人口转移等项目，促进移民安稳致富和库区经济社会发展。

巫山外迁移民欢送仪式

时任巫山县委副书记黄宗林（右）深入移民家中做工作

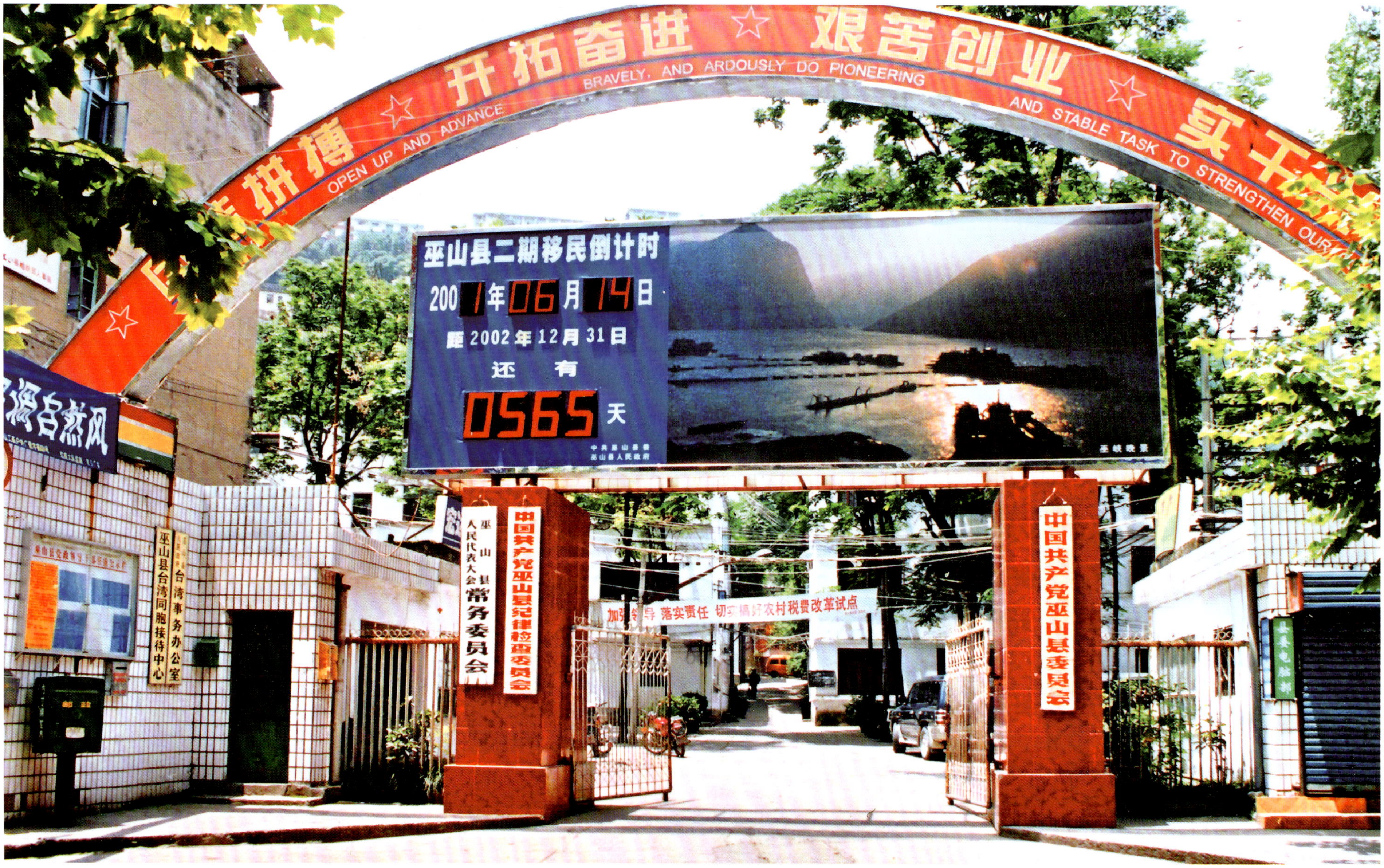
拼搏
OPEN UP AND ADVANCE
开拓奋进 ★ 艰苦创业
BRAVELY, AND ARDOUSLY DO PIONEERING
AND STABLE TASK TO STRENGTHEN OUR
巫山县二期移民倒计时
2001年06月14日
距2002年12月31日
还 有
0565天
中共巫山县委
巫山县人民政府
巫峡晚景
巫山县人民代表大会常务委员会
中国共产党巫山县纪律检查委员会
中国共产党巫山县委员会
巫山县台湾事务办公室
巫山县台湾同胞接待中心
落实责任 切实搞好农村税费改革试点

老城巫山县委

2003年6月13日，庆祝巫山县二期移民任务圆满完成

安徽来巫对接移民工作

三峡库区移民外迁小分队

欢送外迁移民

走向新家园

外迁移民

警民情深

送别

小移民

话别

移民

举家外迁

再见，巫山！

和它的最后一次合影

搬迁中的老县城

搬走自家用具

拆迁后的一角

东门口拆除后的场景，老城墙上的五棵黄桷树，还不愿意离去似的。一个小食摊依偎在这里，和食客一起陪着五棵黄桷树，享受着哪怕是最后一段时光的阴凉

拆除的是“巫峡电影院”，属老城电影院二代建筑。在一代电影院原址重建于1981年，于1982年竣工运营。此影院造型富现代感，影像效果俱佳，设座位1000多个。因迁城而拆，老城影迷们无不为之惋惜

新旧更替

城墙倩影

即将爆破的最后一栋大楼

大昌古城南门

旧城大拆迁

大昌兴隆街

北门坡最后的背影——巫山师范断垣

北门坡最后的背影——颇能负重的骡马，成为拆迁大军里默默无闻的“搬运工”

老城火神庙拆除

拆古镇（大昌古镇政府大院拆迁，拆迁工人将拆下的第一匹瓦用红绸包好，开拆仪式喜庆而又庄重）

拆古镇（古镇一砖一瓦，都得编号保存）

拆除后的老城

旅游观光

三峡醉美在巫山

提到巫山的旅游，唐代诗人元稹“曾经沧海难为水，除却巫山不是云”的名句足以令世人对此地心驰神往。诗仙太白亦曾用“一枝红艳露凝香，云雨巫山枉断肠”的赞誉来诠释巫山的美景。旅游是形式，文化是内容。巫山在战国时期属楚国，为巫郡，又一度受到巴国势力的影响，所以楚文化与巴文化以及流传已久的神女文化共同汇集成巫山旅游的主流文化。

楚国文化源远流长，怀王与神女的爱情故事可谓缠绵悱恻，旷古烁今。楚国伟大爱国主义诗人屈原作《九歌·山鬼》记叙了神女的故事。宋玉也在《神女赋》《高唐赋》中详尽记载了楚怀王与神女相会的情景。巫山是神女的故乡，神女峰又名望霞峰、美人峰、仙女峰，巫山十二峰之首。相传巫山神女瑶姬居住在此处。

重庆市巫山县城东约 15 公里处的巫峡大江北岸，一根巨石突兀于青峰云霞之中，宛若一个亭亭玉立、美丽动人的少女，故名神女峰。古人有“峰峦上主云霄，山脚直插江中，议者谓泰、华、衡、庐皆无此奇”之说。每当云烟缭绕峰顶，那人形石柱，像披上薄纱似的，更显脉脉含情，妩媚动人。每天第一个迎来灿烂的朝霞，又最后一个送走绚丽的晚霞，故名“望霞峰”。三峡大坝蓄水后，游人泛舟神女的石榴裙下，仍需仰头，才能欣赏到神女的绰约风姿。巫山神女峰因其宛若绰约多姿的少女、萦绕着缥缈云烟及其神秘浪漫的神话传说而吸引了历代无数文人墨客为其留下了灿若繁星的诗篇。历代诗人的不绝咏唱，与浩浩长江一道，形成了环绕神女奔腾流淌的另一条文化江河，绵延不息，代代相传。关于神女峰的传说，在巫山广为流传。唐刘禹锡在《巫山神女庙》中写下了“巫山十二郁苍苍，片石亭亭号女郎。晓雾乍开疑卷幔，山花欲谢似残妆”的句子。当然，这些众多的故事里，最动听的要数民间传说了。三峡人民为了纪念心目中的“神女”，尊她为“妙用真人”，并在飞凤峰旁修建了“神女庙”，把飞凤峰山腰的一个平台称为“授书台”。“神女本是人间石”，广大游客把她当成了“东方女神”是一点也不过分，因为她亭亭玉立在巫峡之巅，确实给游人许多联想和陶醉。

十二峰诗云：

巫山十二峰，皆在碧虚中。
回合云藏日，霏微雨带风。
猿声寒过水，树色暮连空。
愁向高唐望，清秋见楚宫。

十二峰中尤以神女峰最为著名，蜚声海内，驰名中外。

神女风姿绰约，芳华绝代。游客或是慕名造访，初见风情；或是睽违已久，旧地重游。

其余的十一座山峰是：登龙峰、圣泉峰、朝云峰、松峦峰、集仙峰、飞凤峰、翠屏峰、聚鹤峰、上升峰、起云峰、净坛峰。

巫山县是全国首屈一指的旅游大县。旅游资源得天独厚，极其丰富。大昌大宁河畔李家滩出土的三羊方尊，七里双堰塘、龙井乡大宁河边魏家梁子、江东嘴等考古遗址以及古井盐，都是巫山巴文化的重要体现。位于县境大庙境内的龙骨坡遗址，是目前国内已发现最早的人类遗址，距今约 214 万年。还有公元前 4400- 前 3300 年大溪遗址文化也在我国的考古文化中占据一席之地。巫山可谓是历史考古爱好者的首选。

巫山县境属典型的喀斯特地貌，钟乳石和峡谷风光奇特，其中最为著名的便是巫山小三峡。巫山小三峡是长江支流大宁河下游流经巫山境内的龙门峡、巴雾峡、滴翠峡的总称。这三段峡谷全长 60 公里。小三峡与长江大三峡毗邻，林木翠竹 20000 多亩。巫山小三峡—小小三峡旅游风景区风景如画：一池碧水，奇峰壁立，竹木葱茏，猿声阵阵，饶有野趣。其特色是秀美、神奇。有人认为它有六奇，即山奇雄、水奇清、峰奇秀、滩奇险、景奇幽、石奇美，可称为“天下奇峡”。

游客游览小三峡，多是在旅游码头乘坐观光游船，从大宁河与长江交汇处进入龙门峡。笔者幼时曾前往游览，午间在双龙餐厅用餐，家常菜肴，回味无穷。

龙门峡从龙门峡口至银窝滩，主峡区 3 公里。雄壮巍峨，两山对峙，峭壁如削，天开一线，形若一门，素有“雄哉，龙门峡”之誉。峡中有传为中国最长的古栈道遗迹的起点处及龙门桥、龙门泉、青狮卫门、九龙柱、灵芝峰等胜景。出峡口便是急流惊险的银窝滩，船行其间，有着“巴水急如箭，巴船去如飞”之感。

此峡的延伸部分是一段山舒水缓的宽谷地带，经过琵琶州，闯过抹角滩。巴雾峡从乌龟滩至双龙，长 10 公里，山高谷深，云雾迷蒙，钟乳密布，千奇万状，怪石嶙峋，峰回路转，石出疑无路，拐弯别有天。有“奇哉，巴雾峡”之称。峡中有猴子捞月、马归山、虎出、龙进、回龙洞、仙女抛绣球、仙桃峰、观音坐莲台、八戒拜观音、悬棺等景观。

滴翠峡从双龙至涂家坝，长 20 公里，是小三峡最长、最幽深、最秀丽的一段峡谷。峡中无峰不峭壁，有水尽飞泉，群峰竞秀，林木葱葱，翠竹绿绿，瀑布凌空，两岸滴翠，一江碧流，鸳鸯戏水，群猴攀援，有“幽哉，滴翠峡”之赞。绚丽多彩的景点有水帘洞、摩崖佛像、天泉飞雨、罗家寨、绵羊滩、马渡河、小小三峡、登天峰、栈道、索桥、赤壁摩天、船棺、双鹰戏屏、飞云洞等。小三峡之美荟萃于此，故有“无限秀美处，最是滴翠峡”之誉。

随着旅游事业的蓬勃发展，巫山小三峡这颗深山明珠向世人展露真容，吸引、招徕了众多的海内外旅游者。凡亲临游览小三峡的客人，仿佛回到了大自然的怀抱，无不为雄奇秀丽的风光所陶醉、所倾倒，纷纷拍照、摄影、撰文、赋诗、作画，向外界广泛宣传介绍这一旅游胜地，小三峡如今已蜚声中外，遐迩闻名。巫山小三峡被誉为“中华奇观”“天下绝景”；“不是三峡，胜似三峡”“神矣绝矣，叹为观止矣”；“五岳归来不看山，宁河归来不看峡”。

小三峡殊荣众多，1991 年被列为“中国旅游胜地四十佳”，2004 年 11 月被评为“国家 4A 级旅游景区”，2007 年 5 月被评为“国家 5A 级旅游景区”，同时还被评为“中国国家级重点风景名胜区”“重庆文明景区”“重庆安全景区”。

关于巫山老城旅游景点的记忆，除了久负盛名的小三峡和神女峰，还有闻名遐迩的三台八景。

三台即楚阳台、授书台、斩龙台。

楚阳台又名古阳台，在巫山城北约两里的高丘山（一名高都山）上，台高一百丈，面对浩浩长江。半山腰有“观”，名叫高唐观，古庙已废，遗迹尚存。据史书记载，巫山之口阳台高唐，是因楚国宋玉作《高唐赋》而名始传。

授书台位于巫山十二峰的飞凤山麓，在青石的西面，与神女峰隔江相对。这里有一个石坛，地势平旷。传说古时候，瑶姬带领众姐妹游东海回到巫山，见大禹正帮助三峡黎民百姓治水，正遇到困难。瑶姬就向大禹授天书于此平台，因此得名。

斩龙台位于巫山县西部长江南岸的错开峡，距县城 80 里，离黛溪镇约 10 里。黛溪水由南注入长江，峡谷幽深，两岸山势犬牙交错。东面的岩戳上，立着一根顶细底粗、高约 60 多米的圆形石柱，叫锁龙柱。隔峡相对的西面，有一个半环形的石岩，向上望去，形如石鼓，传说这是大禹治水曾经锁龙之处，名斩龙台。

八景胜状，有诗为证：

澄潭秋月映秀峰，女观贞石夕阳红。

清溪渔钓南陵晓，宁河晚渡暮雨弄。

宁河晚渡：距城东约一里的象鼻山下，碧绿清澈的大宁河水，缓缓流入长江，天气晴朗的时候，每至日暮，霞光灿烂，烟雾横江，桨声一响，歌起人渡。

青溪渔钓：在巫山城南下游 10 里处，一山涧小溪流入长江，溪边绿竹夹洞，半露桥石，流水声声，环境特别幽静，是钓鱼的佳境。

阳台暮雨：位于城西约两里的高都山上，原是楚阳台古址。

南陵春晓：在巫山城对岸。山势巍峨，卉木丛生，山顶有古南陵观。每到春时，桃红梨白，飞瀑流湍，春意盎然。特别有趣的是南陵雄鸡，报晓最早。好似巫山城一片明媚春光，都由南陵而来。

夕霞晚照：城隔岸东南，夕阳落时，光线被遮，但唯有杨柳坪石柱缝中，红霞一线射出。绿树千丛，霞光中分外逗人喜爱。

澄潭秋月：筊筷沱上游巫溪（大宁河）东岸，有潭阔数丈，深千尺，清澄见底。每至秋季，月光如练，潭内特别光明。

秀峰禅刹：秀峰寺在城东北 5 里的五凤山上。上有殿宇，周围苍树翠柏，烟云鸟语，婉转不绝。

女观贞石：在城北 4 里的女观山上，有一石矗立，如人形，相传昔有女人，其夫宦蜀，登山望夫，因化为石，故名望夫石。

江泽民、李鹏、吴邦国、李瑞环、李岚清、钱其琛、汪道涵等党和国家领导人，中曾根康弘、村山富市、海部俊树三位日本前首相，美国前国务卿基辛格、时任葡萄牙澳门总督韦立奇、泰国公主诗琳通等国外政要，琼瑶、舒婷、邵逸夫等商界文化名流都曾到访过巫山游览视察。

随着三峡库区蓄水工程的启动，诸如陆游洞等诸多景点已经淹没于水下。旧的不去，新的不来。巫山正以红叶打造新的旅游名片，如今江山红叶繁盛胜状确有曹子建所言荣曜秋菊、华茂春松之感。巫山县正在着力建设山水港湾旅游新城，届时，一定能够吸引更多的国内外宾朋纷至沓来。

2001年8月，时任广东省三峡办主任吴军雄（左二）为巫山旅游签约对口支援资金

旅游节狂欢

神女文化旅游节仪仗队

巫山县首届地方旅游产品展销会

市民参与旅游节活动

神女文化旅游节开幕式

小三峡拓展活动

旅游码头

码头一隅

泊舟图

怀旧三峡

休憩的柳叶舟

游人如织

盛会

巫峡口

巫峡夜航

小小三峡原貌

巫峡

高唐古树

高唐晚钟

牧歌

峡江烟云

巫峡红叶

云蒸雾绕

神女峰

龙门桥

巫山老城

宁河晚渡

野渡无人舟自横

幽谷船影

曾经的集仙峰脚下

峡谷风光

峡江水道

秋染鱼巷

河畔

蓄水前的神女溪与长江

上滩

蓄水中……

魅力峡江

纤夫石

搏浪

帆影

神女溪

石桥

日出

阳台之梦

晨光剪影

读秋

高山秋景

雾中秋林

舞之魂

夕照

梨子坪雪景

流云飞瀑

云海霞光

休闲度假

人文风情

品味巫山人文

巫山是一座依江的山城，来自长江南北的市民，倚山而居，从山脚至山顶；土家族等少数民族杂居其中；旅游业的发展，刺激外来商人的涌入，从湖北、浙江、陕西等地来到本市的奉节、云阳、巫溪等县。加之，经历湖广填四川客家人文化传入，巫山人文实为一部多元的文化曲目。她风情万种，却有淳朴的灵魂，演绎着人与自然和谐发展的篇章。

巫山以“山”闻名，她的子民以传统种植业苞谷（玉米）、洋芋（土豆）、红苕三大坨为主。除了这些粗粮，还有小麦、黄豆、大米、花生、芝麻等细粮、杂粮。养殖业中马、牛、羊、猪、狗、鸡六畜兴旺，山以养猪为主，水以养鱼为主。从种养殖业诞生出加工业，呈现在人们眼前的是制作苞谷、高粱酒，洋芋果果儿、红苕粉条，面条、豆腐、熏腊肉、鱼制品等劳动场景。曾经的交通落后和大山的特殊环境，绝大部分运输靠的是背脚打杵，过河撑船。

受时代的影响，巫山老一辈人几乎都经历过贫苦艰难的岁月。他们信奉耕为本、读为上。从生活的磨砺中深深懂得一技之长的重要。与老百姓生活习习相关的技艺，男人主要有“九老十八匠”；女人则从事裁缝蜀绣、纺织等“手边上的活儿”。

巫山老城虽然历史久远，但因是长江边的一座山内城，相对于沿海城市便显得封闭。市民的众生相带有自娱自乐的倾向。从传统的算命起名字到高雅的群团乐队；从推牌九（俗称打骨牌）到玩麻将；从山野的成三棋到象棋、围棋；从中医把脉问诊到坝坝舞、太极拳，甚至一个陀螺也会从毛孩子玩儿到白发苍苍的老人等等。

封建思想的长期熏染，巫山老城也留有深深烙印，主要是对女性的束缚和桎梏。“小脚女人”的病态美，让多少女性从小就饱受裹足的痛楚，成年后也丧失了许多健康人的能力。相夫教子、勤俭持家、足不出户成了女人专职。巫山的著名景点——神女峰，是屹立在江边悬崖上的一座小山峰，有着美丽而忧伤的传说。一块耸立在巫峡江岸上的山石，以“渔妇”的身份作为女性坚贞的化身备受礼赞，千年传唱。而当代女诗人舒婷在写《神女峰》时，却从女性的慈悲和仁爱看到了“风景”背后的痛苦和残忍，“与其在悬崖上展览千年，不如在爱人肩头痛哭一晚”！是对生命本真的向往和呼唤，也是对被扭曲了的女性自我的背叛。这当然仅仅是古稀老人的印记，现实中巫山女性却大胆淳朴、泼辣睿智，出得厅堂、下得厨房。

一座没有文化底蕴的城，就是一个没有灵魂的人。而巫山却是一座有着厚重山水文化的城。水文化从船工号子到纤夫石、从雨花石到悬棺、从长江三峡到小三峡再到小小三峡等，彰显出水手男人的豪迈、渔妇的勤劳和如水柔情。水文化倒映着大山文化。大山文化体现出的是大山男人的野性彪悍、大山妹子的聪慧善良。巫文化无时不刻地体现在老百姓的七情六欲、生老病死之中。人在喜怒哀乐时就会生情，“情产生歌赋”，为洞房花烛、金榜题名而喜；为生活潦倒、痛失亲人而悲。而灵秀的巫峡水酿制的美酒，既味甘又性烈。酒壮英雄胆，不拘形式，琅琅上口的歌赋巫文化产生。巫音为巫歌披上了神秘面纱。由鼓、锣、钹、小锣等打击乐器，按照人的心跳节奏敲出的节奏声，再配上唢呐、牛角等发出的悠长缠绵声，即使特别烦躁的人也会心静如水。巫歌因巫音而神秘，巫音把巫山引入了仙境。巫舞把巫文化物化，让老百姓摸得着、看得见。人醉了、唱歌了、有音乐了，就该手之舞之足之蹈之了。巫舞把巫文化的宣泄，发挥到了极至。为祈求风调雨顺、发财兴旺而舞，为战胜妖魔鬼怪而狂，为逝去的亡灵勤苦一生而跳而送。歌、音、舞把祭祀浓厚的巫文化融入巫山人的血液和灵魂中。

人因情而生，万事万物都因情而发展。巫文化中较大一部分是情歌。从山谣“有话你直接说，莫踩奴的脚”“姑娘大了你莫留，留在屋里结冤仇。姑娘好比毛桃子，放牛娃就像望山猴。桃子没熟都想揪”到船工渔妇“郎是一条龙，姐是花一蓬。龙不翻身不下雨，雨不淋花花不红。郎不陪姐情不浓”等大量的情歌把巫山儿女的情义泼洒得淋漓尽致。再加上巫山终年云雾缥缈，微雨茫茫。东边日出西边雨，道是无晴却有晴。巫文化闪烁着人性化的光芒！

巫山风情让人幸福眷恋，一旦成为巫山的一分子，就永远别想离开她的港湾！

◆ 劳动场景

巫山手工粉条

淘猪草

山姑

三峡之子

曾祖母

撕苞谷叶

犁田

风雪路上

撑渡船

背二哥

你耕田来我纳鞋

插秧曲

盐菜人家

大宁河的纤夫

收获之季的她们

制作水口银丝空心挂面

◆市井百态

称肥猪

江边的故事

打骨牌

吹火筒

对弈

烧开水

建房有喜

拔河赛

扳手腕

镇上来了陌生人

一线工人的沐浴

抱龙古镇小巷

观

选黄豆

外出打工

嫁妆

雪中迎亲

拉家常

熏腊肉

包面

晾晒苞谷

打乒乓球

老火锅

抽叶子烟

老相馆中的肖像照

载物之车

拧苞谷

女汉子

草药摊

熏草药

老巷

窗外

一家亲

家

小脚女人和她的儿子

迎客

憧憬

悠悠岁月

闲坐

百岁老人

◆民间手艺

扎鞋垫

纺纱

缝纫

鞋摊

做鞋样

刺绣

木匠

捡瓦

杀猪佬

弹匠

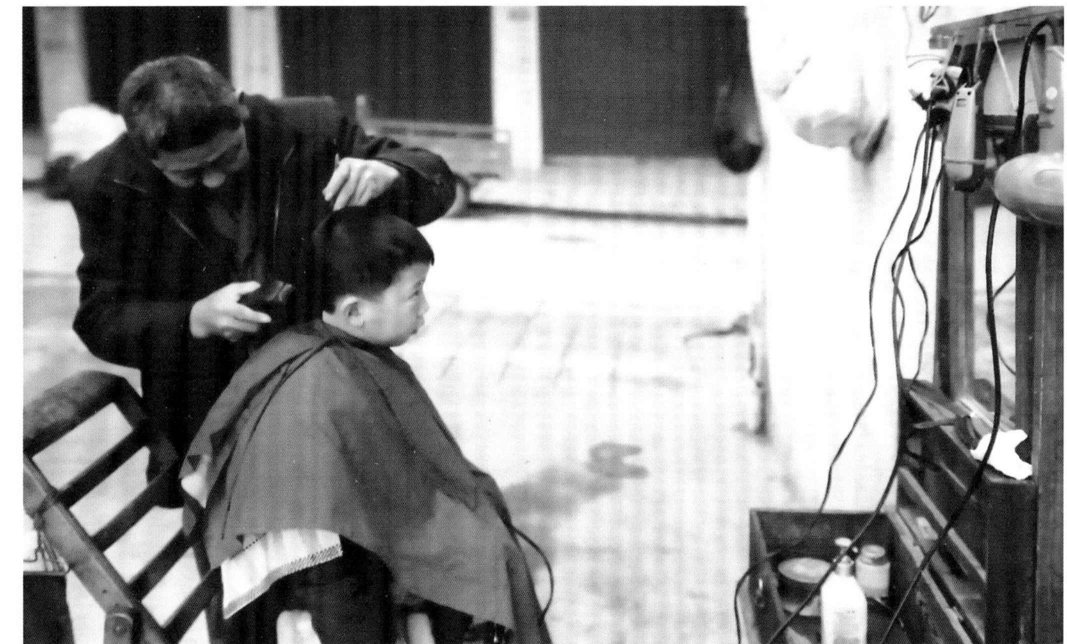

剃头佬

铁匠

街边去痣摊

补鞋匠

石匠

炸爆米花

打苕粉

◆贞节牌坊

大溪贞节牌坊

◆皮影戏

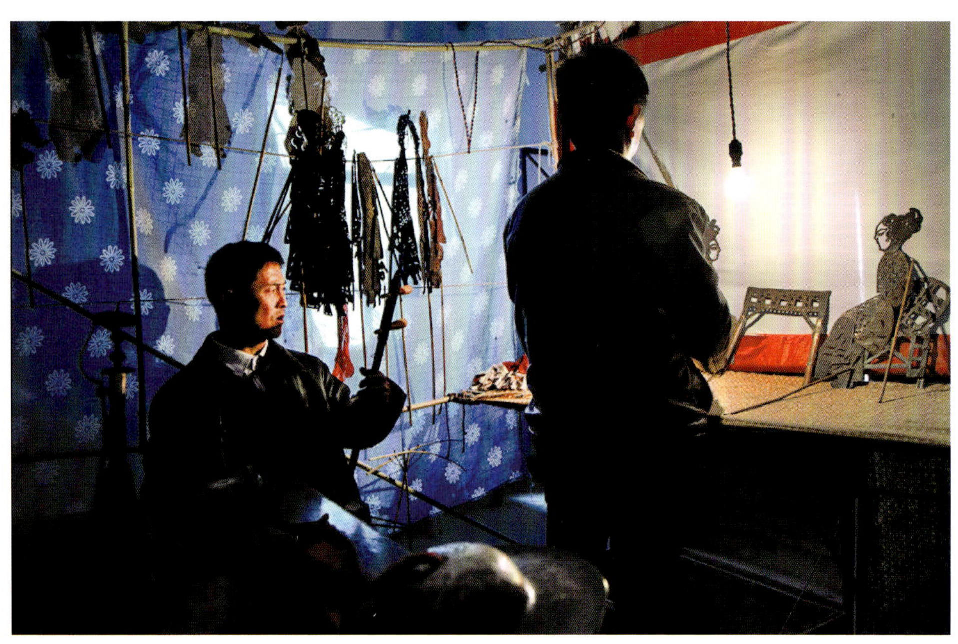

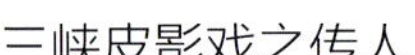
三峡皮影戏之传人

皮影道具

小戏迷

皮影戏的幕前幕后

◆ 巫文化

神秘的巫舞

巫术中的吹角

杠神

端公

请灶神

取名测字老先生坐在黄桷树下

授度

照妖镜

辟邪

招魂

神龛

吞口

咒

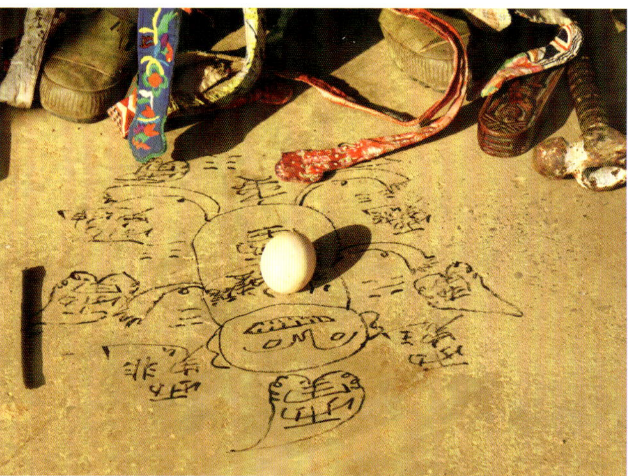

打胎

将军箭

挂红

后记

老城故事多

经过千辛万苦，《老城记忆》终于出版了，邓丽君那首《小城故事》的优美旋律仿佛又在巫峡上空回荡。

直到本世纪初，三峡库区蓄水前，积攒着厚重历史文化的巫山老城，热闹非凡，八方宾客纷至沓来，让人流连忘返。我们的老城虽小如簸箕，故事却要用许多的箩筐来装。

2003年年底，老城为了祖国的建设，她完全淹没在三峡水库之中。

幸好有一批仁人志士，经过艰辛万苦，编撰出版了《老城记忆》这部书。翻看此书，每一页都是一个个让人触目惊心、动人心魄、感慨万千的故事，仿佛时光倒流，让从这里长大的巫山人回到甜美的“童年”时代：

那民国34年县长胡昭华以巫山十二峰命名的大街道小巷子；

那民国37年县府开展募捐疏浚，常年流出涓涓泉流的东井、西井；

那宋代龙图阁大学士王十朋在其《梅溪集》中，也曾有过“泉旁虽童子亦知书”的书香气息浓郁的孔圣泉；

那青砖黛瓦新楼旧房参差组成的十字街，和在此为生活熙熙攘攘穿梭不断的人群；

那北门坡上整点时分就会敲响的青铜钟声；

那从沿江街边倾斜向下的几颗古老黄桷树旁飘香四溢的小吃和闲散聊天的人群；

那自明代筑建，屡被洪水、兵燹毁坏，又几经整修，至光绪十四年培修完竣的城门洞子里摆药摊、剃头发、打麻将的场景；

那冬出夏没、船工以此为“航标”的流石河坝，少男少女们在此嬉戏游玩的倩影；

那巫山老城最大的广场——守衙坝，人们在那里汗流浃背地打篮球，开别开生面的演唱会，办各式各样的展览；

那沿各大小码头一字排行、通宵达旦的夜市；

那把旧楼装饰一新，灯红酒绿的卡拉OK厅里传出的“现代”的歌声；

……

这一切过眼云烟都尽其可能地被记录在《老城记忆》里。

“鱼儿离不开水，瓜儿离不开秧。”社会的繁荣昌盛、城市的更新发展离不开滋养我们的故土。

这本书正好满足人们对根的寻觅，也是为子孙后代留此遗存。

本书由县委、县政府组织，县委宣传部主管，县委党史研究室具体实施，蔡剑侠负责统筹、策划、总纂；谢珍文、董景琪负责设计；谌泓、吴光平、谭家念、黄玉蓉、周密、刘伟、李洪森、方德琼负责编辑。

本书的文字部分由蒋华、陈达平、方裕炯、李昀峰、袁堂栋、李先辉、杨明等执笔撰写。为本书提供珍贵图片的是：蔡剑侠、宋开平、解特利、李显荣、何志宏、谭少华、丁坤虎、陈文、谢珍文、龚福勤、王修海、向耀清、陈朝君、吕建中、谭家满、向承彦、唐探峰、李纪堂、吴滨、朱云平、陈达平、梁巨翠、梁巨兰、郑建军、邓国庆、龚正伯、董景琪。在此一并致谢。同时，我们也向对本书提出宝贵意见的各界人士以及在编辑过程中为我们提供技术支持的巫山县“钟爱一生”婚纱影楼表示诚挚的谢意！

由于诸多原因，本书尚有不足之处，敬请批评指正！